유배공화국, 해남 유토피아!

실천문학 시인선 021

유배공화국, 해남 유토피아!

윤재걸 시집

실천문학사

차례

제1부

제2부

제3부

제4부

제1부

그대를 향해 간다

살아야 할 이유 잘 몰라서
외롭고 서글픈 날이면
그대를 향해 간다.

무엇으로도 씻을 수 없는
지난날의 상처 지우기 위해
그대를 향해 간다.

지독한 절망으로 뒤척이던
젊은 날을 마음껏 울기 위해
그대를 향해 간다.

쓴웃음 뒤에 감춰진
희망의 너울 벗어던지러
그대를 향해 간다.

아, 그립고 그립던 벗들아!

너희들과의 추억 사르기 위해
그대를 향해 간다.

차가운 지난날을 데워줄
따뜻한 한마디 찾으러
그대를 향해 간다.

도망자의 마지막 안식처이던
가족의 품안마저 버리고
그대를 향해 간다.

아프고 시렸던 기나긴 세월
그 예각의 서러움 묻으러
흙으로 간다, 자연으로 간다!

글농사 지으러 왔소이다!
—귀향의 변

햇볕도 들지 않는 그늘진 시멘트 숲,
홍진(紅塵)에 묻힌 삶 더 이상 싫어
글농사 지으러 고향땅에 왔소이다!

육십이 넘어서도
뜻대로 살 수 없다면
차라리 죽은 목숨!

자존(自尊)의 촛불마저 지킬 수 없는
서울의 노예생활 단칼에 베고
글농사 지으러 고향땅에 왔소이다!

썩은 나라 썩은 인물 뒤로한 채
붓 한 필, 칼 한 자루 달랑 메고
글농사 지으러 고향땅에 왔소이다!

귀향을 핑계 삼은 스스로의 귀양길…

등 굽혀 손 비벼 살 수 없는 한세상…
글농사 하나에 새 세상을 걸었소이다!

생명의 소리, 자연의 소리 한데 엮어
새 세상의 화음(和音)을 얻을 요량,
생가 터에 새롭게 둥지를 틀었소이다!

겨울 한철 지내봐야 집을 안다

—귀향일지(1)

이른 봄에 벌인 생가 복원공사
여름 지나 가을 초입에 대충 끝났다.

뙤약볕 여름날, 나무 그늘 아래 평상을 앉히니
고대광실 정자가 부럽지 않아

찬바람 불어오는 늦가을
불과의 친화 위해

드럼통 반 토막 화덕에
삭정이 끌어다 모닥불 일구니

도심의 찜질방 저리 가라다.
노변정담 위한 통나무 의자도 몇 개

그러나 서리에 눈 내리니
평상도 화덕도 다 무용지물!

12월말 동장군 내습은
사람들을 모두 집안에다 꽁꽁 묶었다.

흙벽을 뚫고 들어오는 외풍 탓에
실내 역시 바깥과 다를 바 없다.

겨울을 지내봐야
집을 제대로 알 수 있다던
어른들의 말씀 이제야 알 것 같다.

외로울 때는 그냥 움직여요!
–귀향일지(2)

신새벽 눈뜬 순간에
한밤의 냉기처럼 찾아온 외로움

혼자라는 사실이 무슨 역병처럼
온몸을 휘감는 순간,

나는 알지.
나는 알지.

옷을 주섬주섬 걸치고 방을 나서서
무조건 움직여야 한다는 사실을!

외로움과 맞서기 위해서는
무조건 움직여야 한다는 사실을!

움직이고 또 움직이는 일이야말로
외로움에 맞설 유일한 무기라는 것을!

외로우면 무작정 술을 빚지요
—귀향일지(5)

술을 빚는다는 것은
나만의 사람 그리는 일.

술을 빚는다는 것은
그대의 다스운 체온 오오래 지켜가는 것.
가슴에 담은 그대 모습 찾아 나선 외로운 고행.

술을 빚는다는 것은
세월의 외로움 켜켜이 숨기고 감싸
그대의 첫정, 가슴속 질항아리에 몰래몰래 키워가는 것.

아, 술을 빚는다는 것은
나만의 세상 몰래 이루는 일.

아, 술을 빚는다는 것은
나만의 세월 삭히는 일.

아, 술을 빚는다는 것은
고독의 시간들을 항아리 속에 가득가득 가두어
한말의 독한 술로 짓이겨 짜내는 것!

술을 빚는다는 것은
발효상태로 둥둥 떠다닌 지나간 세월
이제금 회한의 노랫가락 한 사발 쭈욱 들이키는 것.

술을 빚는다는 것은
희미한 옛사랑에 취한 불륜의 세월
고해성사처럼 한편의 시구로 씻어내는 것!

아, 술을 빚는다는 것은
나만의 세상 끝내 이루는 일…

당호(堂號)를 내걸면서

–기산별업(箕山別業)1

앞산이 이끌고
뒷산이 호위하는
정남향의 집 자리 앉힘이라니…

산을 뒤로하고
내를 마주한
배산임수(背山臨水)의 깊은 뜻이라니…

시간을 뛰어넘어 뒤늦게야
조상님들과 소통하는
어리석은 소손(小孫)의 모습이라니…

60에 이르러서
비로소 걷히네.
훤히 트인 드넓은 옥천 벌.

산곡의 기를 실어 나를

세세한 바람길
다소곳이 한눈에 안겨오네.

40여년 먼지 낀 당호(堂號)
기산별업(箕山別業)* 현판
오늘 마침내 햇볕 쪼이며

소손 재걸(在杰),
작은 사랑채 짓고서
뒤늦게 문안 드리옵니다…

---

* 기산(箕山)－시인의 증조부이신 윤영호(尹榮浩)의 호임.
기산별업(箕山別業)－증조부께서 사랑채에 내건 당호 현판임.

경의재(敬義齋)*
–기산별업2

사람 사는 일의
옳음을 숭상하고

삶의 바른 자세를
세상에 깨우치리라.

어렵고 힘들더라도
앞장서 이를 전하리라.

말과 글로써
사람의 도리를 밝히고

바른 이치 끝내 세우며
이를 지키는 데 혼신하리라.
조상님들이 닦으신 큰 뜻과

---

* 한석봉의 글씨로 추정되는 집안 전래의 가보로서 안채가 동리서실(東里書室)이라면 사랑채 정자는 경의재(敬義齋)인 셈.

비로소 소통하는 나날

사람 사는 일의
올곧음을 숭상하고

삶의 바른 자세를
세상에 깨우치기 위해

언제 어디서나
바른 말과 글로써

사람의 도리를 닦고
세상을 밝히며

앞장서 이를 전하리라!
조상님들의 뜻 끝내 펼치리라!

오류(五柳)선생, 여기 계셨네
–기산별업3

집 앞 냇가에
줄지어 서있는

다섯 그루
자연주의

하늘 향해
제 뜻 훤히 펼친

검버섯 그득한
아름드리 버드나무

오류선생 새긴 뜻
예서 피어났네!

낙향에 서린 한
불멸의 귀거래사(歸去來辭),

예서 활짝 피어났네
다섯 그루 자연주의

조상님들이 먼저 깨우쳐준
도연명의 오류송(五柳頌)

영락없는 암자일세 그려!
—기산별업4

나지막한 뒷산을 지아비 삼아
남녘 선영 향해 다소곳이 앉은 품이
수절로 한 세상 보낸 어느 청상의
잿빛 아픔이 배어 있는 듯도 하이.

아니면 반생을 홀몸으로 부대껴온
팔순 지어미의 이골 난 세월이
살아남은 생가 기둥 결마다
피맺힌 주름살로 패인 듯도 하이.

남정네보다 드센 카랑한 목소리
문살 창호에 여직 얼룩져 있는데
시간은 흔적 없이 가다 멈추고
옛 바람은 때 없이 서성이곤 하네.

하늘꽃, 영지버섯 술
-기산별업5

참나무 썩은 등걸에서
숨죽여 피어난 하늘 꽃

십장생(十長生) 중 하나가
바로 네 아니더냐!

진시황이 그리도 탐내던 구름 꽃
불로초(不老草)가 바로 너로구나.

영혼에 색깔이 있다면
고귀한 진자주빛 네 모습이렷다.

비탈진 세상 함박웃음으로 맞선
쓰고 단단한 네 모습이렷다.

죽음보다 더 아련하고
영혼보다 더 아스라한

그윽한 너의 체취가 녹아든

오묘한 쓴맛에 취하노라!

자귀나무 연가

단발머리 첫사랑 소녀
단정히 빗은 정수리에 꽂힌
귀여운 머리핀 같은, 그대는
순결의 꽃 깃털나무

분홍빛 부챗살 솜사탕
가지 끝마다 매달은, 그대는
누구에게나 스르르 녹는
사랑의 꽃 깃털나무

하늘하늘 유연한 몸 낮추기
천성처럼 몸에 밴, 그대는
겸손의 꽃 깃털나무

산야 들길 가림 없이
어디서나 몸 세우는, 그대는
강인한 모성의 꽃 깃털나무

칠월 땡볕 온몸으로 가려주며
자신의 속살마저 내주는, 그대는
기부천사 꽃 깃털나무

여린 듯 우아한 자태 보노라면
승천 앞둔 천사들이 노니는 듯, 그대는
황홀한 군무의 꽃 깃털나무

가을 새벽산책

1

꿈의 잔상 쓰러내는
당신의 맑고 고운 음계.

좁다란 여명의 길목에서 맞는
당신의 차고 고결한 목소리.

어두컴컴한 새벽 담벼락
힘껏 밀어제치는 혁명의 바람군단,

깨어난 이들 모두 나아가
때 묻은 세월 서둘러 헹구기.

2

일출의 찬란한 화음(和音)에 겨워

비탈진 산길 스스로 머리 숙이면

저마다 사람의 모습한
음표(音標)들의 힘찬 발걸음.

젖는 길목마다
깨어난 초록 푸성귀들의

날 선 피부음(皮膚音)이 빚는
새벽이슬들의 허밍코러스!

충만한 동녘의 현음(絃音)과
장기 협연 중인

늦가을 뒷산의
갈색 교향악단!

마른탱자에 대한 성찰

앉은뱅이책상 위에 다소곳이 놓인 샛노란 탱자 몇 알
서재는 한동안 그들의 상큼한 체취로 가득했네.

어느 겨울날 그들은 가쁜 숨 몰아쉬며
내젓는, 미세한 삶의 깃발마저 접고서

떠났네, 노오란 생애의 전 악장이
책꽂이의 갈피마다 울려 퍼지며

탱자들이 끝내 보듬은
육탈(肉脫)에의 벼랑

물기란 물기 모두 털고서
떠났네, 흙빛 미이라의 길 떠났네.

흙무덤이듯 좁은 공간에
한 다발의 왁자한 탕약 냄새…

썩어가며 온전히 드러내는
향기의 사리(舍利)처럼

앉은뱅이책상 위에 다소곳이 놓인 마른탱자 몇 알
서재는 한동안 그들의 묵은 체취로 가득하겠네.

제2부

독도는 남북통합의 전진기지

—독도의 정치학

1

독도는 이 시대의 벼랑 끝 숨은그림찾기다.
독도는 남북분단의 마지막 퍼즐게임이다.

그리하여 독도는 마침내,
너무도 부끄러운 우리네 자화상이다.

그리하여 독도는 마침내,
너무도 자랑스러운 우리네 꿈의 전진기지다.

2

독도에는 숱한 비밀이 숨어 있다.
독도에는 무서운 국제적 음모가 깔려 있다.
독도에는 민족을 배신한 인물들이 새겨져 있다.

독도에는 거대한 미-일 합작의 덫이 숨어 있다!

호시탐탐 독도를 노리는 일본 놈 배후에는
뒤통수치는 미국의 무서운 계략이,

독도를 동북아 전진기지 삼을
미-일의 간계한 합작음모가 깔려 있다!

3

미국은 중립과 평화의 위장술로
청일전쟁, 노일전쟁 앞장선 역사의 전범 사주해

"핵 미사일기지, 독도를 탈취하라!"
"동북아의 전략적 교두보, 독도를 확보하라!"며
중국과 북한, 그리고 러시아를 한방에 견제할

천혜의 섬-독도를 탈취할 조일(朝日)전쟁을 북돋고 있다.

4

독도에는 이 나라를 외세에 팔아넘긴
민족반역자들의 면모가 고스란히 새겨져 있다!

미국 놈 꾐에 빠져 '독립축하금'이란 이름으로
단돈 몇 억불에 팔아넘긴 치욕의 일제 36년!

그 친일파의 거두들이
역적 이완용과 함께 나란히 각인돼 있다!

박정희 · 김종필의 두 얼굴이 돌섬에 깊이 새겨져 있다!
친미-친일의 독재자 전두환 · 노태우 얼굴도 훤히 보인다!

5

그러나 독도는 회한의 섬인 동시에
우리 민족의 희망의 섬이다!

그리하여 독도는 우리 민족을
끊임없이 일깨우는 각성의 섬이다!

남북분단 철거하고 7천만 민족의
통합을 앞당길 통일의 전략적 전진기지다!

남남북녀가 언젠가 함께 만날
영원한 꿈의 도래지(到來地)다!

우리가 목숨처럼 끝내 사수해야 할
이 민족의 생명의 섬, 통일의 섬이다!

너는 親美인가, 反美인가?

–강요하는 이 시대의 이분법적 질문양식

자본주의 세상에서 돈 벌기에 몰두한 적 없다.
그래서 나는 친미주의자 아니다!

분단의 땅에서 반쪽이 출세 연연한 적 없다.
그래서 나는 친미주의자 아니다!

돈과 출세에 온몸 내맡긴 채
찰나의 한탕주의에 빠져든 적 없다.
그래서 나는 친미주의자 아니다!

여색 탐하지 않고 포커판 기웃거린 적 없다.
그래서 나는 친미주의자 아니다!

연로한 어른들과 가난한 주변이웃 무시한 적 없다.
그래서 나는 친미주의자 아니다!

이 땅의 빈곤, 분단의 고통 함께 나누지 않고

혼자 멀리 이민 떠나려 한 적 없다.

그래서 나는 결코 친미주의자가 아니다!

그러니 남들은 나를 가리켜
너무나도 쉽게 반미주의자로 일컫는다.

돈과 출세 멀리 한 게,
내 민족, 내 동포 앞장서 껴안아온 게
반미(反美)의 표상이더란 말인가?

이웃사랑, 동포사랑, 분단조국 일원화가
반미(反美) 혐미(嫌美)의 필요충분조건이던가?

남들이 통일주의자라 부를지언정…
남들이 민족주의자라 부를지언정…

나는 다만 민족의 통합, 서로 헤어진 동포
오순도순 함께 사는 한세상 큰소리로 부르짖었을 뿐.

내 나라, 내 민족 앞날 위해
새로 태어날 우리의 후세대 위해

이 땅의 분단현실 남보다 조금 더 크게 통곡했을 뿐…
이 땅의 민족통합 남보다 조금 더 크게 소리쳤을 뿐…

참삶의 현장 먼저 달려가고
참삶의 가치 먼저 일깨웠을 따름

그런데 어찌 그게 친미/반미의 갈림길이더란 말인가?
그런데 어찌 그게 좌파/우파의 갈림길이더란 말인가?

나는 이 시대가 강요하는 질문양식이 싫다!
친미는 우파, 반미는 좌파라는 이분법적 교조주의가 나는 싫다!

강요하는 외세의존적 식민지 잔재가 나는 싫다!
강요하는 선택적 이념주의의 노예가 나는 싫다!

생환(生還)의 의문부호를 하루에도 몇 번씩 짓이기면서…

아직 생명의 소리가 새나는 곳으로
나의 귀를 특파(特派)한다.

아직 살아서 몸놀림하는
저 민족의 숨소리를 싣고
나의 생애는 과연 귀환할 수 있을 것인가?

생환의 의문부호를
하루에도 몇 번씩 짓이기면서

아직 사람의 소리가 스며있는 곳으로
나의 귀를 특파한다.

아직 살아서 몸놀림하는
가난한 이웃의 숨소리를 싣고
나의 생애는 과연 귀환할 수 있을 것인가?

생환의 의문부호를
하루에도 몇 번씩 짓이기면서…

아직 소리가 숨어 있는 곳으로
우리 모두의 귀와 눈을 특파한다.

아직 살아서 몸놀림하는
이 민족의 숨소리를 싣고
우리 모두의 생애는 과연 귀환할 수 있을 것인가?

생환의 의문부호를
하루에도 몇 번씩 짓이기면서…

그대의 심폐소생술을 기대하며
–정계은퇴는, 또 다른 정치의 시작일 수 있다!

이 땅은 지금 서서히 죽어가는
심정지 상태의 서울공화국!
의식불명 상태의 뇌사공화국!

이 땅은 지금 급성 돌림병처럼
남과 북, 혹은 남–남의
'마음 닫기' 증후군이 범람하고 있는데…

"쓰레기더미에서 쓰레기만 고르는"
인사난맥의 와중에

이골 난 민초들의 배신구역-
여의공화국을 홀연히 탈출,

민심의 바다에 첨벙 뛰어든 당신!
유배공화국 강진 · 해남의 한 토굴에 몸 숨긴 채

뒷산 깊이 올라 백번 천 번 허리 굽혀
풀 섶에 도사린 도토리 한 알이라도 줍는 뜻은

막걸리 안주거리 도토리묵 때문이 아니라
스스로가 자청한 귀양길의 첫 걸음일 터.

유배공화국, 버려진 호남의 일각에
몸 숨긴 그대의 정계은퇴가

이 땅의 마지막 희망일 수 있는 것은,
또 다른 정치의 시작일 수 있는 것은,

썩어문드러진 민심의 바다에 뛰어들어
쉬엄쉬엄 헤엄쳐 가며

짜디 짠 민심의 현주소 돌고 돌아
민초들의 그을린 맨 얼굴과 맞닿아

무너지고 찌든 그들의 마음
혹여 껴안을 수 있다면

그래서 시대의 부름에
한 번 더 다가갈 수 있다면

그래서 유배공화국의 실체에
한 발 더 다가설 수 있다면

이야말로 심정지 상태의 서울공화국,
의식불명의 뇌사 상태 한국정치를 회생시키는
깨어난 보통명사, 그대의 심폐소생술일 터.

한영애 창법 연구

오선지에 내걸린
조의(弔意)의 등불 같은…
굵직한 눈물방울 가지런히 엮다보면

마음의 그물망 치뚫고 드는
화살촉처럼 강인한
살인적 비음군단!

작은 거인이 거느린
홍수와도 같은 거대 물살에
나무는 나무대로 풀은 풀대로

스스로 알아서 엎드리는
산천초목의 자연주의!
삼라만상이 빚는 최상의 비브라토!

제재소 톱날에서 쏟아지는

습향(濕香) 그윽한
목질(木質)의 단말마이듯,

대장간 담금질이 토해내는
삶과 죽음 한데 꼬인
쇠붙이의 붉은 곡성(哭聲)이듯,

생애의 나이테
켜켜이 쓸고 닦는
검은 망토의 저승사자처럼

문득 다가온 죽음 앞에
토종의 한이 서린
오래된 된장 내음처럼

묵은 김치냄새 배인
여염집 여인네들의

역한 트림처럼

조선반도 한꺼번에 무너지는 소리,
조선여인네의 아랫배
속 시원히 꺼지는 소리소리…

앵커 브리핑

손 · 석 · 희를 온몸으로 듣기 위해 오늘 저녁에도 나는 채널15의 jtbc뉴스룸 앞에 서둘러 다가앉는다. 썩고 병들어 사정없이 부서진 이 나라의 '박근혜-최순실 게이트' 실상을 하나하나 새겨들으며, 그대의 너무도 무표정한 전달 자세에 일말의 반감이 일듯 하려다 이내 나를 주저앉히곤 한다. 갈지자 세상의 온갖 어지러움, 한 칼에 베어내는 그대의 '앵커 브리핑'을 다소곳이 기다려야 하기 때문이다. 하루를 마감하는 마지막의 낙이듯, 날마다 귀담아 챙기는 '앵커 브리핑' 속에 오늘의 정곡을 찌르는 말과 글이 아니면 결코 해소치 못할 청량감 혹은 핏빛 분노의 함성이 무채색으로 농축돼 있기 때문이다. 어느새 옆에 앉아 티브이에 눈이 쏠린 아내를 슬쩍 쳐다본다. 다 알겠다는 듯이 온순한 눈매를 보이는 이 여자가 오랜만에 다시 보인다. 그런데 왜 같은 내용의 내 말들은 잘 이해하지 못하면서 나에게 일말의 반감을 선사한 저 앵커의 무표정한 멘트 하나하나에 저토록 매달리는 속내는 무엇일까?

먹(墨)가는 일

문 닫힌 불통의 나라 안으로
한 자루의 붓을 가져간다.

오만한 백지에의 도전
끊임없이 몸 굽혔다 일어서는
어둠의 칼끝.

어둠을 표방한
빛의 뒷모습.
한 획의 춤사위에
끝내 몸 사르는
허위의 백지공화국.

어두우면 어두운 만큼
그대의 피
진하면 진할수록
백지의 나라

더욱 깊이 파헤쳐진다.

빛을 묻으면서
비로소 빛을 발하는
어둠의 칼끝,

한 획의 혈투 속에
끝내 몸 사르는
허위의 백지공화국.

끊임없이 몸 굽히며
일어서는 어둠의 칼끝
몇 번이고 스러지는
빛의 그림자

어둠을 표방한
빛의 뒷모습,

마침내 어둠이 어둠을 평정하고

환한 한 획의 빛살이
제자리를 잡는다.
붓끝에선 난데없이 핏물이 맺힌다.

형상기억합금(形狀記憶合金)처럼…

–다섯과 다섯, 열을 위한 분노의 슬픔이어요!

우린 근원적인 원형을 서로가 공유하고 있어요.
근엄하신 조상님 아래서 함께 태어나
기쁠 때나 슬플 때나 늘 함께 울고 웃어 왔지요.
어렵고 힘든 절망의 늪에서 헤나기 위해
본의 아니게 때로는 살붙이답지 않은 적도 있었지만,
그러나 결코 마음만은 서로가 저버리지 않았어요.

(그래서) 지금 몸은 비록 멀리 떨어져 있지만,
마음만 먹으면 언제고 하나가 될 수 있다는
서로의 믿음에는 조금치도 변함이 없어요.
그것은 바로 형제 된 뜨거운 사랑!
그것은 바로 한 민족이라는 속 깊은 믿음!

하나 되고픈 끊임없는 자기연소를 통해
이러한 세기적 열정이 어느 날 점화되는 순간
서로가 기억하고 있는 원형으로 되돌아갈 수 있어요.
오매불망 꿈에도 그리던 한 몸의 통일체 이룰 수 있어요!

'일정온도에 다다르면 과거의 본모습으로 돌아간다'는
형상기억합금(形狀記憶合金)처럼
곧바로 예전의 한 몸으로 변할 수 있어요!
한민족의 하나 됨을 세계만방에 과시할 수 있어요!
아프고 시린 지난 세월의 기억일랑 모두 잊고서…

민족-자주-해방의 마을, 대추리

1

역사의 휴화산에서
어느 날 문득 용암이 분출하듯,

배반의 역사를 뚫고
오늘 비로소 솟구치는
민족-자주-해방의 활화산을 보라!

'동학혁명'에서 '삼일기미만세'로,
'삼일기미만세'에서 '항일무장독립운동'으로,

'4.19 민주의거'에서 '5.18 광주민중항쟁'으로,
'5.18 광주민중항쟁'에서 '대추리 민족항쟁'으로

한반도는 언제나 활활 타오르는
거대한 역사의 활화산

한반도는 언제나 쉼 없이 솟구치는
살아 있는 역사의 분화구.

2

조용하고 순박한 민족의 마을, 대추리여,
오 우리 민족의 사랑스런 한 뼘 땅, 대추리여!

누가 우리 삶의 안방에 금줄을 치려 드는가
누가 우리 터전의 앞가슴 능욕하려 드는가

그대는 진정 아는가
자주-해방의 마을, 대추리 형제들이 겪고 있는
이 서러움의 실체를,

자주-해방의 마을마다에서 들끓고 있는

이 분노의 치떨림을,

그대는 진정 보는가?
오늘 대추리 분화구에서 솟구치는
도도한 민족애의 마그마를,

그 서러움,
그 분노의 정상에서 솟구치는

민족-자주-해방의 활화산을
그대는 진정 보는가?

화간(和姦)의 땅, 한반도(恨半島)

빛바랜 무명적삼, 헤진 통치마자락 펄럭이며 내 나라 한반도가 상기도 절룩이며 2000년대를 간다. 멀고 먼 백두산 저 꼭대기 구름서린 장군봉 몇 번씩 우러르며 한라산 백록담, 지리산 천왕봉 뒤돌아보곤 이마의 땀방울 훔치는 저 병색의 노년 아낙, 무엇을 생각하나. 허위허위 몸에 붙은 조선의 토종 씨암탉 몸짓일랑 이제 혼자 몸으로 사는 일에 이력이라도 난 것일까. 이놈 저놈 올라타고 이놈 저놈에 짓밟힌 한 많은 몸뚱어리, 이젠 더 이상 부끄럽지도 서럽지도 않아. 헐거워진 아랫도리일지언정 그날 첫 문 열리던 혼야(婚夜)에 맺은 그 언약 그 맹세. 아무리 되새겨본들 밤새워 올라야 할 저 지아비의 산봉우리 아득하기만 한데, 쓰라린 아랫도리 씻고 잠재울 겨를도 없이 밤새워 걸어온 한 많은 세월 · 세월… 빛바랜 그날의 포성 속에 여직 미망에 젖은 화간(和姦)의 땅 간음의 땅, 지아비 배신한 서글픈 지어미의 기나긴 밤의 도정. 백두대간 한반도의 어둔 밤은 언제나 걷히려나…

다섯과 다섯,
열은 우리 모두의 만남이어요

다섯과 다섯,
왼손과 오른손의
맞닥뜨림.

열은 우리의 아픔이어요.
열은 우리의 몸뚱이어요.
열은 우리의 흐느낌이어요.
열은 맨살의 한몸이어요.

어머님
아버님,
당신의 어우러짐도
열의 만남이어요.
다섯과 다섯,
큰소리로 부딪는
생명의 이부자리
당신의 뜨거운 숨결이어요.

첫날밤의 원앙금침이어요.

그대가 어우러지던
반도의 지붕-개마고원
그대가 함께 뒹굴던
지리산의 세석평전
아 아, 우리 모두의
새벽녘 첫 손금 따라가면
진달래 개나리 민들레의 꽃무늬가
밀어의 산골마다 숨어 있었지요.

당신의
손톱마당엔 여전히
순정의 초승달이 떠있겠지요.

다섯과 다섯,
열의 불씨여요.

한 쌍의 부싯돌이어요.
서로의 아픔이어요.
그냥
맨살로
사랑의 금침 위에
아로새긴
우리의 이름이어요.
우리의 핏줄이어요.

사주팔자와도 같은
필연의 한 몸 이루신,
당신의 불꽃 속에서 피어난
열의 자식이어요.
열의 형제이어요.
열의 다스움이어요.
아, 열의 기쁨
아, 열의 슬픔

모두 다한 열의 넉넉함이어요.

(오늘도 헤어져 마주보는
다섯과 다섯)

어머님
아버님
어느 빛 좋은 날
택일하시어
한라산을 바라보셔요.
백두산을 올려보셔요.
당신의 첫날밤을.
그 따스하던 원앙금침을
다시 한 번 펴보셔요.

다섯과 다섯.
양손을 맞닥뜨려

사랑의 파열음을
들려주셔요.
사랑의 꽃말이 어우러진
장백산 소백산 묘향산 태백산 금강산 지리산의
산내음 물내음 꽃내음 풀내음 흙내음을
하나의 몸내음으로
맡게 해주셔요.

그날,
당신의 뜨거운 숨결
함께 손잡은
다섯과 다섯.
열의 한마당이어요.
열의 잔칫상이어요.
열의 웃음판이어요.

내 마음의 정토(淨土)를 찾아

–경기도 양평 사나사(舍那寺)

사람 세상의 온갖 오예(汚穢) 한데 껴안은
청정무구(淸淨無垢)의 계곡, 거기 있었네.

사람 거리의 온갖 소음 함께 몸 섞은
홍진 속의 정토, 거기 있었네.

울울창창 기암괴석, 아스라이 비껴선 소나무 가지 끝마다

지상의 환풍구인 듯 내걸린
내 마음의 푸른 하늘 한 조각.

허둥대는 삶의 너울, 거기서 보았네.
속세 벗어난 광대무변의 참세상, 거기서 보았네.

사나사 계곡 1km 길이
나를 씻고 지우는
자정과 청정의 길임을,

어느 해 초여름 날 문득 거기서 알았네.
세상 사람의 온갖 오예 한데 껴안은
청정무구의 계곡, 바로 거기 있었음을.

사람 거리의 온갖 소음 함께 몸 섞은
홍진 속의 정토, 바로 거기 있었음을

1킬로미터의 화두

사나사 1km 푯말을 지나 작은 다리를 건너면
예토와 정토의 갈림길이듯,
얼음처럼 차갑고 해맑은 계곡의 대합창이
'너를 씻으라, 너를 씻으라!'며
한여름 복날 가운데서도
비수처럼 짙푸르게 온몸으로 저며 드는데

봉재약수 지나 함혈왕석 벗어나면
어느 산야보다 먼저 찾아온 먼발치 앞산 산록
가을산색이 애처롭기만 하네.
남보다 빨리 몸 버리는
조로(早老)의 저 나무들을 보곤 차마 못할 소리지.

속세에서 버림받은 늦깎이를 보듯,
고뇌하는 이, 마음의 병을 앓는 이,
이 세상 모든 사랑으로부터 동떨어진 이들에게
먼저 찾아오는 육신의 노화를 보듯,

오색의 짙은 가을단풍은 아무래도
생로병사의 종장을 알리는 저승의 메시지만 같으이.
이승과 저승 길 이어주는 채색된 만가만 같으이.
죽음과 탄생을 예비하는 것들에는
중생들이 범접 못할 그 무엇이 있음을 알아야 하느니.

마음의 향로가 피워 올리는
무념무상, 송연(松烟) 짙은 묵향(墨香)을 따라
1km 계곡 길에 내장된 대자연의 압축파일-
채색된 늦가을 오색의 화음이 무더기로 쏟아지네.

신생의 봄날 기다리며
저 낙엽들이 환호하는 생명순환의 초록빛 화두.
제 몸 기꺼이 썩힐 줄 아는
저 낙엽들이 수런거리는 생명부활의 선혈한 화두.
오색으로 채색된 늦가을의 화음이 무더기로 쏟아지네.

뜰채에 관한 성찰

낚시인생 초장부터 뜰채는 없었다. 돌 잔칫날 돌잡이 때도 뜰채는 없었다. 하루하루 세월을 엮어가며 어깨너머로 간신히 익힌 초보낚시꾼의 삶은 주섬주섬 허술한 장비만 갖춘 채, 온갖 잡초가 무성한 세상의 낚시터로 마냥 떠밀릴 수밖에 없었다. 낚시터의 달갑지 않은 조건 속에서도 사실 그렇고 그런 물고기는 수도 없이 건져 올렸다. 그러나 심심찮게 찾아온 월척 급의 대물(大物)은 번번이 놓치기 일쑤였다. 따지고 보면 초짜인생이 월척과 빗겨가는 것은 너무나도 당연했다. 내가 봐도 삶의 강심(江心)에 드리운 낚싯대와 낚싯밥 그리고 낚시의 크기나 낚싯줄은 너무도 허술했다. 아무리 초짜라고는 하지만 어느 것 하나 온전한 것이 없었다. 인생 초장에 들쳐 멘 허술한 낚시대는 월척 급 대어를 감당하기엔 애초부터 무리였다. 너무도 한가한 나머지 어느 날 낚시터 주변을 어슬렁거리다가 나는 커다란 발견(!)을 했다. 나이가 지긋하신 대선배님이 월척을 건져 올리는 노련한 모습을 충격어린 눈으로 세세히 지켜본 것이다. 그분의 낚싯대와 낚싯밥 그리고 낚싯줄 등을 눈여겨보니 나의 그것들과 별반

다르지 않았다. 그런데 그분에게는 나에게는 없는, 낚시장비 하나가 더 있었다. 유능한 '건져 올리기 조수(助手)' 뜰채였다. 물에서 뭍으로 건져 올리는 순간 물의 부력이 빠지는 찰라 대물의 무게를 감당하지 못해 번번이 놓치기 일쑤였던 그 실수를 뜰채가 거뜬히 감당해주고 있었다. 순간 나에게는 낚시를 주제로 한 한편의 인생드라마가 스쳐지나갔다. 나는 해질 무렵 어둠이 내릴 때까지, 낚시터에 오오래 걸터앉아 낚시인생의 완결성(完結性)과 더불어 뜰채의 본질에 대해 나름의 깊은 생각을 했다.

어떤 설국(雪國)

잠 깨어 일어보니
뜰 섶에 나라 하나 번듯하게 섰구나.

이 풍진 세상,
하얗게 도배질한
새 아침의 거룩한 설경이라니!

지난날의 온갖 부정한 오예(汚穢)
한칼에 씻어낸
저 혁명의 눈보라.

기인 밤 지새운 뒤
만민의 뜻 좇아
기어이 뜰 한켠에
백의의 나라 번듯하게 세웠구나!

누구의 상처

누구의 아픔 하나 없이

밤사이 조용하게
크나큰 하늘의 뜻
마침내 지상에서 이룩하였구나!

푸릇푸릇한 봄의 대지를
흰 눈으로 껴안은
어젯밤 혁명의 눈보라,

만민의 가슴 다습게 다독거리며
누구의 아픔
누구의 상처 하나 없이

이 풍진 세상
감쪽같이 새 세상으로 바꿔 놓았구나!

우리 모두의 겨울날 아침,
잠깨어 일어나 보니

뜰 섶에 번듯하게 선
우리의 순은공화국!

제3부

유배공화국(流配共和國), 해남 유토피아!

–새 세상을 먼저 갈고 닦는 사람들의 땅

1

해남 땅에선 두려움 없이
새로운 공화국이 일어선다.

고산(孤山)공화국에 이어 오늘은
남주(南柱)공화국의 나라깃발이 펄럭이는 날

쫓기고 쫓기어 벼랑 끝에 다다른
귀양 유민(流民)들의 열망이 한데 뭉쳐

어느 날 함께 잡고 오를
튼실한 개벽(開闢)의 동아줄을 엮고 있다.

2

위대한 저항의 선각(先覺)들과
위대한 반골의 전사(戰士)들이

이승과 저승 넘나들며
시대의 비문(碑文) 거듭 새기는 까닭

새나라, 해남공화국 세우기 위함일지니!
참세상, 해남유토피아 열기 위함일지니!

3
해남의 어원이 무엇이더냐?
유배(流配)라 하옵니다.

해남 땅이 무어라 불리더냐?
반역(叛逆)의 두엄터라 하옵니다.

해남의 속뜻이 진정 무엇이더냐?
해방(解放)이요, 해체(解體)라 하옵니다.

4

해남이여, 변방의 일국이여
귀양다리* 그대가 품어온 천년의 아픔 나는 안다

해남이여, 오욕의 세월 속에
참숯이 되어버린 그대의 자존심 나는 안다.

해남이여, 좌절과 절망 속에
참세상 못다 이룬 그대의 핏빛 분노 나는 안다.

해남이여, 역사 속에 변치 않을
귀양다리 그대의 꿋꿋한 기개 나는 안다.

해남이여, 저항의 세월 속에 감춰진
귀양다리 그대의 마지막 슬픔 나는 안다.

---

*귀양살이하는 사람을 업신여겨 일컫는 말.

(“조선시대 변방에 유배된 인사가 얼추 7백 명이라. 그 중 35%가 전라도 땅에, 또 그 중의 50%가 해남 땅에 유배되었나니 족히 120여 명은 될 터인 즉, 그를 따르는 가족과 은사(隱士) 처사(處士)들이 이곳에 모여 조그마한 새 세상, 유배공화국을 일구었다고 전해지더라....”)

5

밤마다 새날, 새 세상 꿈꾼 죄
네가 네 죄를 알렷다!

밤마다 고산과 남주를 만난 죄
네가 네 죄를 알렷다!

밤마다 시를 무기삼아 어둠에 맞선 죄
네가 네 죄를 알렷다!

6

가을걷이 풍성한 해남 땅끝에
번듯하게 들어선 새날 새 세상

귀양다리 피와 살이 얽힌
해남 들녘에 우뚝한 시인공화국!

위대한 저항의 선각(先覺)들과
위대한 반골의 전사(戰士)들이

저마다 사리(舍利)처럼 토해낸
시문(詩文)의 숲 해쳐가며

오늘 나 귀향(歸鄕)이란 이름으로
고향 땅에 스스로를 귀양 보냈네.

두려움 없이 새 세상 기약하며

새 나라의 깃발 끝내 보겠네.

고산(孤山)공화국 만세!
남주(南柱)공화국 만세!

유배(流配)공화국 만세!
시인(詩人)공화국 만세!

지랄 염병은 욕도 아니다!

유배공화국, 남도의 변방에선
지랄 염병은 욕도 아니다!

목숨 하나 부지하기 힘든 판에…
지랄 염병은 욕도 아니다!

시도 때도 없이
지랄 염병을 입에 물고 산다.

시도 때도 없이
지랄 염병할 연놈들…

시도 때도 없이
지랄 염병하고 자빠진 시상*…

---

* '세상'의 남도(해남) 사투리.

온갖 쌍욕에 파묻혀 지나온 세월
일상이 되어버린 쌍욕과의 나날

지랄 염병할 놈의 시상…
지랄 염병할 놈의 시상…

새날 새 시상은 언제나 올 것이여!

내 복에 무슨 난리여!

–조선 여인네들의 역설적 희망사항

살아생전 유배나라 전라도 아낙들
시도 때도 없이 입에 물고 살던 말

"내 복에 무슨 난리여!"

(난리란 세상이 완전 거꾸로
위아래가 확실하게 뒤집히는 것!

난리란 세상이 완전 거꾸로
수평공화국으로 환원하는 것!)

살아생전 유배나라 전라도 아낙들
세상이 뒤집히기를 얼마나 바랐으면

"내 복에 무슨 난리여!"

살아생전 유배나라 전라도 아낙들

세상이 얼마나 한스러웠으면

"내 복에 무슨 난리여!"

그대 이름은 작은 나무못(木釘)

—역사의 뒤안길에서 숨죽여 살아온 이들에게

가난하고 힘없는 그대
베풀 줄밖에 모르는
천성이 목질(木質)인 그대

모진 사람들의 강과 바다
그대 어찌 건너려 하나
척박한 세상에 어찌 몸 박으려 하나

썩어문드러진 세상의 산과 들
그대 어찌 넘으려 하나
천길 벼랑에 어찌 몸 세우려 하나

온갖 풍설에도 결코 녹슬지 않고
한곳에 몸 박은 그대의 항심(恒心),
몸 서 있는 곳만이라도 작은 평화 만들기!

집 한 채 세우기 위해 태어난

그대의 보잘 것 없는 쓰임새,
속으로 영근 그대의 옹골찬 기개

세상 호령하는 대들보는 못 되어도
기와 밑에 납작 엎드린 (그렇고 그런)
오체투지(五體投肢)의 서까래는 못 되어도

기둥과 기둥 이어주며, 보와 보 바로잡아
이웃들의 어긋남 보살펴 주는
그대의 작은 사랑, 그대의 작은 소망

노랫가락 맨 마지막 후렴처럼…
뙤약볕 아래 함께 나눠먹는
오뉴월 새참처럼…
그대 이름은 작은 나무못(木釘)!

해불양수*(海不讓水)

–바다공화국 예찬

얼마만인가?
오랜만입니다!
....

높고 낮은 물길 돌고 돌아
바다공화국 초입에 다다른
온갖 물들의 반가운 이야기.

종갓집 대문 비로소 밀치고 들어선
백 갈래, 천 갈래의 물 종친들이
서로 주고받는 수인사(修人事).

어디서 발원하여
예까지 흘러왔는지,

---

* 냉온청탁 가림 없이 어떠한 물도 받아들이는 바다의 크나큰 아량을 나타내는 말이다. 예부터 전해오는 하해불택세류(河海不擇細流) 등도 이러한 뜻을 담고 있다.

세월에 부대낀
그간의 애틋한 사연일랑
누구도 묻지 말세 그려.

비탈진 산골, 좁다란 시내
졸졸졸 흘러왔어도,
높다란 수원지 떠억 버티고 앉아
작은 물줄기 호령했어도

가장 낮은 데로 몸 낮추는
바다의 드넓은 품에 안기면
모두가 한 가족이 되는 세상!

냉온청탁(冷溫淸濁) 가림 없이
썩어문드러진 공장 폐수라도
물이라는 이유 하나만으로
서로가 한 몸 되는 바다공화국!

물이라는 이유 하나만으로

서로가 한 몸 되는 수평공화국!

불쏘시개, 삭정이를 예찬함

차가운 계절을 맞아
서로가 서로의 몸 껴안고
서로가 서로를 데우려 하나

주변에 쓸 만한 불씨 보이지 않네.
도처에 습기서린 생목(生木)뿐이네.

세상살이 아직 제대로 못 익힌
어설픈 목청꾼뿐이라니…

흙으로 돌아가기 위해
곧 자신의 생명을 마감하려는 것들

자기를 버려 온몸을 썩히려는
메마른 삭정이부터 찾아야 하네.

자신의 육신 온전히 태워

새 세상 끌어 올리려는

가녀린 그들의 마지막 자기희생
무엇보다 눈여겨야 하네!

불씨의 대명사가 들려주는
생명의 두레박질 귀담아야 하네!

초록빛 세상 앞당기기 위해
마른 육신으로 남은 가련한 생애

삭정이의 목질 뒷면에 납작 엎드린
환생(還生)에의 웅크림.

활활 타오르고픈 염원 뒤에 숨긴
묵음(┌音)의 내력 허투루 흘려선 안 되네.

죽음을 맞이한 작은 불씨의
숨겨진 전생 모두 기억해줘야 하네!

큰불 피우기 위해
스스로 스러지는 '삭정이 민국'

무소유, 무욕의 식물성 삶이야말로
자기회생(自己回生)의 지름길인 것을…

불은 혁명이다!

1

기나긴 겨울 나려
세상의 외로움 떨치려

불을 피우네.
세상을 지피네.

버려진 것들의 향연!
쓰러진 것들의 축제!

불의 한마당 속엔 언제나
인생의 불꽃놀이 서려 있네.

생로병사, 강승약패의 사람살이
불을 닮아 그대로 담겨 있네.

타고, 지고, 스러져,
끝내는 재가 되고 마는

생의 회한마저
불꽃으로 피어나네.

2

불씨는 찾는 것이 아니라네.
불씨는 반드시 만나게 돼 있다네.

불씨와 불씨는
서로가 불쏘시개임을 잘 안다네.

바야흐로 생을 마감하려는 것들,
버려진 생명들이 세상을 앞장서 지핀다네.

작은 가지로 평생을 살아온
그대는 '삭정이 민국'의 당당한 민초.

타오르고픈 한 가닥 욕망만으로
자신을 먼저 버린

그 열망의 불쏘시개가
세상을 끝내 쟁기질한다네.

3

어둠의 땅을 박차고 일어선
디오게네스(Diogenes) 형제들이여!

그대의 양손에 밝혀든
진실과 자존의 촛불이여!

절망의 벼랑 끝에서
희망의 둥지 찾아

서로의 몸 함께 데우며
서로에게 서로의 불씨 되나니…

세상을 함께 달굴
거대한 가마가 되나니…

시대의 바람
부러 외면한 꽃샘, 잎샘에도

봄은 예나 지금이나
초록 열병식(閱兵式)!

음울한 세상 한판 뒤엎을
혁명의 불꽃 캠프!

불에 관한 성찰, 15계명

혼자 타는 불은 반드시 꺼지게 돼 있다!

타는 불씨를 중심으로 화력을 집중하라!

불이 붙었다 하면 불꽃의 자생논리에 내맡김이 옳다!

불의 속성인 번짐의 자생력이야말로 민중의 본모습일지니!

불은 피우기보다 살려가기가 더 힘들다!

불은 살려가기보다 관리하기가 더 힘들다!

불은 피우는 자의 것이 아닌 쬐는 자의 것이다!

불은 쬐는 자의 것이 아닌 끄는 자의 것이다!

불은 불가원 불가근의 존재임을 명심할 지어다!

불은 익힘이 아닌 태움이 본질임을 결코 잊어선 안된다!

불은 빛의 아들이면서 어둠의 자식임도 놓치지 말라!

불은 생(生)의 찬가이면서 사(死)의 찬가임도 알라!

불에 감춰진 마약과도 같은, 방화의 중독성을 경계하라!

불은 새로운 대지를 일구는 화전론의 첫 출발점임으로!

불을 먼저 지핀 자, 그가 바로 새 세상의 주인임으로!

야행성(夜行性) 1
—불면의 공화국을 찾아서

1

지구의 외고집
자전(自轉)에 맞서

오늘도 찾아 떠나네.
불면의 공화국에로

밤을 낮처럼
낮을 밤처럼

언제나 하루를
거꾸로 도는 사나이

밤을 낮처럼
투명한 의식의 창을 열고

낮을 밤처럼

꿈의 침상에 걸터앉아

깨인 채로
잠드는 그대

꿈꾸면서
걸어가는 그대

2
누구와 합의했나?
밤과 낮의 경계를,

지구의 외고집
자전에 맞서

물구나무 선 그대의 24시
불면의 공화국

오늘도 추락하는가
지구 밖으로, 하룻밤 생애

저 우주의 미아 되어
저 태양계의 이단아 되어

3
물안개 자욱한 의식의 강변
순은의 정토(淨土) 열리는 새벽녘,

기어이 찾아오는
꿈의 도선사(導船士)

한 사내의 허튼 꿈 싣고
오늘밤 비로소 출항하는가

낮과 밤, 밤과 낮의 틈새로

불면의 공화국에로

잠든 지구촌은
여전히 불통 불통 불통(不通) 중…

야행성(夜行性) 2
–어느 독거수의 노(櫓) 깎기

서너 평 남짓의 무인 독도. 이곳에 표류해온 지 십수 년. 독거수(獨居囚)와 다를 바 없는 섬 주인의 일상은 온통 바닷내음 일색. 그에게 밤낮의 영토 구획은 부질없는 일. 하루라는 거대한 세월의 바다가 있을 뿐. 그는 오늘도 하루의 바다를 저어갈 노(櫓) 깎기에 여념이 없다. 하룻밤을 저어가고 나면 기어이 망가지고 마는 '일회용 노'에 불과하지만 그는 언제나 "가능하면 유연한 물갈퀴처럼 끝부분이 납작해야 돼. 그래야만 하루의 바다를 쏜살같이 빠져나갈 수 있어…"라며 몇 번이고 자신에게 다짐하곤 한다. 제 꾀에 제가 넘어가는 하루살이 노 젓기에 진절머리를 내면서도 그는 밤바다에 대한 적의(敵意)를 끝내 삭이지 못한다. 자신이 깎고 다듬은 노의 허약성 때문에 날이면 날마다 절망하면서 오늘밤도 바닷물살에 맞서 허우적거리는 섬주인 하루.

야행성(夜行性) 3
–일야공화국(一夜共和國)에 관한 자문법(自問法)

석 달 열흘쯤, 밤이슬에 젖어 보았는가?
칠흑의 산길, 숨죽인 채 밤새워 걸어 보았는가?
암약의 지난 세월, 후회해본 적 있는가?

불온한 말의 숲에 은거하면서
자네보다 먼저 세상 하직한,
시대의 묘비명(墓碑銘) 탐독해 보았는가?

몽유병자, 그만의 외로운 도정 끝에서
신새벽의 비릿한 살내음에 취해
온몸으로 대지와 입맞춤 해본 적 있는가?

일야공화국(一夜共和國)
망국지한(亡國之恨) 되새기며
객승처럼 홀연히 왔다 사라지는 하룻밤 산손님....

산손님의 건국설화(建國說話)에 귀기울여 보았는가?

몸 숨긴 묵음(默音)의 잿빛 내력 거듭 새겨들었는가?

끝내, 투병의 내란에 휩쓸려
불면의 혁명군 대열에 가담해 보았는가?

유혈이 낭자한 혼신의 투신(投身)으로
일출(日出)의 막강 진압군과 혈투를 벌여 보았는가?

야행성(夜行性) 4
-토막잠 환상 혹은 꿈꾸기 시합

'관계자외 출입금지' 팻말이 선명한
무의식의 심해 터널 입구,
생애의 발목이 반쯤 잠긴 채
붙박이로 서 있는 내연의 여자.

사내의 굳게 닫힌 뇌리의 문,
초인종 몇 차례 눌러보지만
도대체 응답이라곤 없어.

꿈의 사냥터 밤새워 배회하다
뒤늦게 꿈꾸기 시합에 빠진
집주인의 고집스런 성격 탓일 게야.

자유자재, 이승 저승 넘나들며,
토막잠에서 헤어날 줄 모르는
그 사내의 끈질긴 꿈사냥 때문일지도 몰라.

아니면 바다 위로 떠올라
그 흔해 빠진 파도타기에 열중하면서
해변가 모래밭에 전라(全裸)로 누워

쉬엄쉬엄 월광욕(月光浴)에 파묻혀서
달빛사랑, 몸소 실천하고 있을지도...

의식과 무의식 간신히 이어주는
뇌리의 심해터널, 제멋대로 유영하며

밀애의 보금자리로 돌아올 줄 모르는
천성이 간섭받기 싫어하는 사내
(언제까지 기다려야 하나?)

저 야광(夜光)의 시계더미들
밤새워, 검푸른 망망대해 둥둥 떠다니고

시간의 형해(形骸)들이
선잠의 뾰쪽 바위섬에 휘돌다 부딪혀
소금가루처럼 허옇게 부서지는 동안

달디단 해조음(海潮音)들이 한떼 몰려와
최음제(催淫劑)처럼 덜 깬 사내의 뇌리 오래 애무하면

(기다렸다는 듯)
집주인은 동틀 녘에서야
굳게 닫힌 의식의 문 활짝 열고

오오래 기다린 내연녀 껴안고는
저 심해의 바닥으로 함께 줄행랑친다.

제4부

똥은 세상을 바꾸는 아우성이다!

새 생명이 움트는 봄갈이면 축사에서 뛰쳐나온 썩은 거름들로 들판은 여기저기서 아우성이지. 밭두렁 이랑마다 생명을 잉태할 냄새의 아우성이지. 소똥과 돼지똥, 닭똥과 오리똥… 갖가지 거름들이 서로의 존재 가치를 과시하는 똥들의 세상이지. 온갖 거름들의 한판 힘겨루기이지! 한마디로 코를 쥐게 하는 냄새의 바다라고나 할까. 내로라하는 거름들의 한판 승부라고나 할까. 예전에 들판을 호령하던 사람의 똥과 오줌(人糞尿)은 모두 어디로 숨었는고? 저어기 시멘트 정화조 깊은 울안에 갇혀 옴쭉 달싹 못하는 저들의 신세가 참으로 가련하구먼. 제 할 일, 제대로 못한 탓에 기가 팍 죽어 여직 제대로 썩지도 못했구먼! 예전처럼 온전한 거름이 되지 못한 탓에 똥 · 오줌 배설한 사람마저 누렇게 떠 제명을 재촉하고 있네 그려. 예전에 누군가가 " 똥냄새는 자연이 안겨준 고귀한 향기"라고 했던가. 금비에다 농약까지 뿌리면서 유기농 친환경재배라고 거짓말하는 가짜농민들아! 새 생명 잉태하는 생명의 아기집-똥거름 · 똥냄새가 싫으면 고귀한 농민의 모자 저 멀리 벗어 던지게나!

개똥 치우기
–아침 순례기

아침에 일어나면 제일 먼저 밤새워 나를 지켜준 귀한 다섯 보디가드들! 꼬리를 세차게 흔들며 나를 반기는, 해남이 해순이 진돌이 진순이 재둥이에게 다가가 이쁜 이놈들의 머리를 일일이 어루만져 준다. 눈을 크게 치뜨고 어두운 밤을 지새운 이들의 노고에 마음속으로 진정 고마워하며 전날의 배설물을 말끔히 치우는 일로 이들에게 보답한다. 이게 나의 아침 첫 순례 작업이다. 다섯 마리가 여기저기 싸놓은 똥들을 삽으로 정성스레 치워 묵은 질항아리에 차곡차곡 담아 잘 썩힌 다음 남새밭에 귀한 퇴비로 쓸 요량으로 가득 모으고 있지만 부패과정에서 어쩔 수 없이 생겨나는 냄새 때문에 아내의 성화가 이만저만이 아니다. 나는 '시골에서 축분, 인분 등으로 인한 거름냄새 타령은 도대체 말이 안 되는 소리'라고 일갈해보지만 나도 사실은 참기가 보통 힘든 것이 아니다. 그렇지만 귀향 이후 내내 나의 외로움의 동반자인 다섯 동지들의 고마움에 보답하기 위한 이까짓 개똥치우기쯤이야! 하면서 나는 저들의 똥냄새와 함께하는 아침 첫 순례를 결코 소홀하지 않으리라 몇 번이고 다짐 다짐한다.

개들은 연대성이 강하다!

칠흑의 밤, 개가 짖는다.
있는 힘 다해 짖는다.
목줄이 끊어질 듯 머리를 곧추세우곤
앞으로 내달으며 짖어댄다.

짖음의 소리가 이르는 마을의 구석구석
크고 작은 개들일랑
기다렸다는 듯, 함께 일어
너나없이 짖어댄다.
우렁우렁 짖어댄다.

뭣 때문에 자신이 짖는지
그 이유는 알 필요 없다.
짖는 일이야말로 자신의 존재감의 과시인 듯
마을이 들썩들썩 덩달아 짖어댄다.

개들은 연대성이 강하다!

초록빛 감탄사로 몸 바꾸네요!

겨우내 잠겨 있던
대지의 빗장을 따고

텃밭 이랑마다 채워진
계절의 단추를 풀면

흙의 들창이 스르르 열리네요.
연초록 훈풍이 솟구치네요.

겨울잠에 취한 대지의 심장은
호미의 능숙한 심폐소생술로 깨어나

밭이랑 숨구멍마다
새싹들의 숨길이 분주하고

봄의 전령사(傳令使),
3월의 바람결에

야산에선 16세 맨가슴들이
짝지어 바람에 흩날리네요.

수줍은 꽃잎들의
분홍빛 입맞춤이 싱그럽네요.

씨앗들의 봄축제를 알리는
노오란 징소리가 둥 둥 둥…

3월의 아지랑이로 피어나
지상의 시간을 일깨우면

어젯밤 은하를 떠난 물 내음도
밭이랑 깊은 방까지 스며서
목마른 흙의 여신들과 함께 살 섞네요.

하늘에서 내려뜨린

튼튼한 햇빛 몇 줄을
먼저 움켜쥔 씨앗들은

손바닥에 물이 잡히도록
3월의 문턱을 향하여 기어오르고

양지의 흙담 아래선
지표의 빗장을 따는
가쁜 숨소리가

마침내 초록빛 감탄사로 몸 바꾸네요!
봄 축제를 알리는 전단(傳單)이
지상 여기저기서 흩날리네요!

사랑의 골다공증(骨多孔症)

퍼내고 퍼내도 마를 줄 모르던
당신의 무한사랑 옹달샘.

이젠 뼛속 바닥까지 메말랐나,
솜털처럼 가벼워진 당신의 몸무게…

구멍 송송, 샘터마다 허옇게 드러난
무한사랑의 표상, 골다공증(骨多孔症).

이젠 한줌의 형해로 말라붙은
뼛속 깊은 곳간, 사랑의 옹달샘.

마지막 생존의 한 모금까지
고일 틈 없이 퍼올린 자식사랑 두레박질

구멍 송송, 뼈마디 곳간까지 비운
무한사랑 훈장, 당신의 골다공증(骨多孔症).

염전(鹽田)을 바라보며

가출한 바다

소금밭에 가두고

햇볕으로 쥐어짜

소금꽃 피우면

이랑마다 널브러진

바다의 시신(屍身)…

염부는 이때다 싶어

바다의 결정(結晶)

백색 미이라

송두리째 도적질 해온다

가우도(駕牛島) 출렁다리*

바람 드센
강진만 한복판에
울려 퍼지는
걸쭉한 육자배기 두 마당

뭍과 섬,
섬과 뭍이 서로 만나는
저 황홀한 선율의 출렁거림

오선지 음표처럼
다리 위에 정연히 걸린
바람과 내 여자,
내 여자와 바람의
오늘 하루 불륜이 이뻐라.

---

* 전남 강진군 도암면 신기리 소재. 최근 강진 관광의 순례명소로 등장.

뭍의 성감대를 향해
때 되면 조심스레 다가서는
소문난 바다의 스토커-

그 밀물의
익숙한 쓰다듬기는 안쓰럽지만

때 되면 미련 없이 떠나는
썰물의 매정함도 정이 가더라.

무시로 핥으며
끊임없이 뭍을 유혹하는
뻘 물결의 끈질긴 스킨십도
언제나 좋으련만…

수상활주로 혹은 수상스키장
-마을 앞 사제 관제탑에 포착된 동영상 한 토막

마을 앞 저수지는 바야흐로 비상착륙의 계절을 맞은 임시비행장. 하늘을 날던 한떼의 물오리들이 급전직하, 물살을 가르며 사뿐히 내려앉는다. 거대한 여객기가 공항활주로에 부드럽게 미끄러지듯 물오리들이 마을 앞 임시비행장의 수상활주로를 분주하게 넘나든다. 어떤 물오리들은 한참을 잠수하다 낚시찌 바로 옆으로 솟구쳤다가 스스로 놀라 날아오르곤 한다. 또 어떤 물닭들은 비행정처럼 물위를 미끄러지듯 내달리다 하늘로 치솟으며 곡예비행을 한껏 자랑하기도 한다. 시간가는 줄 모르고 재롱떠는 이놈들의 수상스키와 군무(群舞)에 넋을 놓고 있노라면 파란 하늘을 보듬은 저수지가 어느 새 한조각 하늘이 된다. 비상착륙을 위한 임시비행장 수상활주로가 하얀 물보라로 넘실거리는 오후 한나절, 한 낚시꾼에 포착된 동영상 한 토막.

차가운 계절의 남새들에게

아침저녁 칼바람 앞에 노인네들 등허리 오싹해지면 사람들은 홑이불을 솜이불로 바꿔 덮고 세월의 냉기 어찌어찌 피해갈 방도에만 골몰하지. 겨울 소매 끝 잡아끄는 가을 찬바람 앞에 삼라만상 손 비벼 고개 숙여 서로가 살길 찾아 나서는데 저리도 용감한 텃밭의 남새군단! 푸르고 푸르게 맨몸으로 차가운 계절, 당당하게 대적하고 나서다니… 그들의 삶, 참으로 가상하다! 아침저녁 찬이슬에 흠뻑 적신 만큼 오히려 종일 짙푸른 그대들에게 사람의 경의 마음껏 표하노라. 상추와 쑥갓, 시금치와 배추, 마늘과 봄동들이 차가운 세상에 맞서 스스로의 생을 거듭 이어가는 전투적 이모작(二毛作)의 삶은 비단 여기서만 끝나지 않거늘… 그대들은 아무 때나 몸 굽히는 가여운 사람들에게 몇 번이고 푸르고 푸른 자연의 올곧음을 일깨워주곤 하지. 차고 더운 계절, 자기대로 살면서 세상의 덧없음을 진초록 삶으로 보여주곤 하지.

3대 전쟁, 3대 적과의 대결

귀향을 하고 보니 초보 시골사람 골탕 먹이는 방해자는 한두 가지가 아니었네. 농촌에, 즉 대자연의 품에 안기려는 사람들이 맞닥뜨리는 큰 적(敵)은 대충 세 가지로 대별되었네. 나는 이들과의 싸움을 '3대 전쟁'이라 이름 붙였다네. 우선 첫째로 명명한 것이 '벌레와의 전쟁'이었네. 정착하자마자 모기를 비롯한 크고 작은 벌레들의 극성이 제일 두려웠다네. 뱀이 세탁기 호스를 타고 부엌까지 들어온 적도 있었어. 10센티가 넘는 손가락만한 지네가 방 틈으로 들어와 발과 손가락을 무는 게 다반사였지. 식칼로 잘린 듯한 아픔을 견디다 못해 새벽 3시에 119구급차로 종합병원 응급실에 실려간 경우도 있었네. 그 결과 '벌레와의 전쟁'을 사전에 차단하기 위해선 방충망이 필수라는 사실을 알게 되었지. 들고 나는 문마다, 여닫는 창문마다 방충망을 설치하고 나니 조금은 안심이 되었다네. 다음으로 두 번째는 '잡초와의 전쟁'이었네. 텃밭과 꽃밭, 잔디밭까지 쓰나미처럼 밀려오는 잡초군단을 사람의 힘으로는 결코 이길 수 없다고 여겼네. 이웃들은 제초제를 적절히 사용하라고 했지만 그것은 자연을 거역하는 일이라고 생각했지. 자연은 인간만이 독점할 수 없는, 생명을 가진 모든 것들이 공유해야 할 하늘의 고귀한 선물이라는 생각 때문이었다네. 사람이 혼자서 독식하려 하면 반드시 재앙이 뒤따르게 마련이라던 어느 환경학자의 말도 생각났지. 잡초와 벌레 속에서 사람의 발소리를 들으며 자란 남새들의 영양가가 더욱 높다고 하지 않던가. 마지막 세 번째는 '습기와의 전쟁'이었네. 한옥은 구조상 뒤뜰의 음기와 앞마당의 양기가 서로 대류(對流)하는 구조로 되어 있다네. 그래서 여름날 긴긴 장마철에 방문을 여러 날 닫아두기라도 했다간 집안의 온갖 습기가 내려 앉아 고가구는 물론 귀한 장서까지 눅눅한 습기에 젖어 몽땅 삭아 내리기 십상이라네. 한옥에 있어 여름 장마철 습기는 침묵의 병기에 다름 아닌 것이지. 그런데 중요한 것은 3년여가 지난 지금에서야 자연을 더욱 사랑하고 자연의 섭리에 더욱 충실할 수밖에 없다는 걸 초보귀향자가 뒤늦게야 깨달았다는 사실이네!

어느 흐린 날의 권주가

아침부터 내내 우울해.
하늘이 어둑한 만큼
나를 둘러싼 주위가 모두
그늘진 낯빛으로 시들해.

머리맡에 던져둔 어느 시인의 시집 표지가,
뜯어보지도 않은 문우회 회보 봉투가,
동아일보 퇴직자들의 사우소식지가 어둑해.
고산 윤선도 평전의 책갈피가 시들해.

사위의 잡것들이 어둠속에서
살려 달라! 죽여 달라!
일제히 한 목소리로 허우적거릴 때
책상 위 시어빠진 막걸리 병이 더 부풀기 시작해.

찐득한 구름들을 쫓기 위해선
한 잔의 해결사가 꼭 필요한 시간이지!

지나간 날의 어두움 지워주는
한 잔의 지우개가 꼭 필요한 순간이지!

아침부터 머릿속이 아른거리니
그 먹먹한 그림자를 포박하기 위해선
뇌수에다 강력한 알콜 세정제를 부어줘야 해!

가슴에도 안개가 자욱하니
현관에 환한 전구를 켜야겠어!
닫힌 핏줄을 열기 위해선
강렬한 한 폭의 빛살이 필요해!

표고버섯 심을 참나무 톱질로
팔다리 무게가 천근만근이니
너 팔뚝에도 한잔!
너 허벅지에도 한잔!

구름 끼어 시들한 날이면
한 잔의 빛살 특효약을!
세상의 모든 어둠 씻기 위해
한 잔의 맑은 지우개를!

인생이 쑤시고 아릴 때는
한 잔의 망각주(忘覺酒)를,
그대의 뇌수와 핏줄에 골고루
한 잔의 희망가를 부-어-줘-야 해!
한 잔의 막걸리를 부-어-줘-야 해!

암벽등반(岩壁登攀)

1

사랑과 미움으로 비비꼬인
암벽등반과도 같은 지난 세월
손끝 · 발끝의 힘만으로 버틴 벼랑 끝 삶…

그런데 자기는 알아?
사랑의 반대말은 미움이 아니래.
사랑과 미움은 일시적 감정일 뿐,
사랑과 미움이 갖는
관심의 절대 값은 같다는 거야!
앞에 붙은 플러스(+) 마이너스(-)의
감성기호만 다를 뿐이래.

사랑이 미움으로, 미움이 사랑으로
수시로 엇갈리는 것도 그 때문이래.
어느 날 감성기호가 바뀌면

사랑스런 사람이 미운 사람으로
미운 사람이 사랑스런 사람으로,
사람의 감정이 바뀌는 것도 그 때문이래.

오래 산 부부들만의 특험품인
미운정 · 고운정이란 말도 그래서 나왔대나?
사랑과 미움이 평생 뒤바뀌며 만들어낸
감성의 화석(化石)과도 같은 말이겠지.
악처가 자식보다 낫다는 말
이제야 무슨 뜻인지 알 것도 같아.

2

사랑과 미움으로 비비꼬인
암벽등반과도 같은 지난 세월.
손끝 · 발끝의 힘만으로 버틴 벼랑 끝 삶…

그런데 자기는 알아?
사랑의 진정한 반대말은 무관심이래.
상대방에 대한 이해와 배려 없는
남남과도 같은 타인 감성이
바로 사랑의 반대편이래.

상대방에 대한 감성제로의 상태!
그게 바로 사랑도 미움도 아닌
무관심의 첫출발이래.
사람을 숨 막히게 하는 연막탄이래.

미움은 오히려 관심의 영역이지.
부부싸움이 사랑의 묘약이 되는 이유래.
'관심 없으면 싸움도 없다' 이거지.
감성제로의 무관심 상태에서
굳이 다툴 이유가 어디 있겠어.

바람도 없는 무풍지대에는
애초부터 흔들림이라곤 없어.
감성의 파도가 수시로 휘몰아치는
사람 사는 집에서나 있을 법한 일이지…

그대와의 만남은…

그대와의 만남은
우연을 가장한 필연이었어.

그대와의 만남은
필연을 가장한 우연이었어.

인생이란 어차피 우연 속에
필연의 꽃을 피우는 과정인데…

인생이란 어차피 필연 속에
우연의 탈을 쓰는 과정인데…

해설 · 시인의 말

|해설|

반란의 땅끝 해남에서 일구는 순정한 혁명의 귀거래사(歸去來辭)

이 경 철(문학평론가)

"꿈의 잔상 쓰러내는/당신의 맑고 고운 음계(音階)//좁다란 여명의 길목에서 맞는/당신의 차고 고결한 목소리.//어두컴컴한 새벽 담벼락/힘껏 밀어제치는 혁명의 바람군단.//깨어난 이들 모두 나아가/때 묻은 세월 서둘러 헹구기." (「가을 새벽산책」부분)

윤재걸 시인의 신작시집 『유배공화국, 해남 유토피아!』는 우선 귀거래사(歸去來辭)로 읽힌다. 일찍이 중국 진(晉)나라 도연명이 "어찌 쌀 다섯 말 녹봉 때문에 허리를 굽힐 수 있겠느냐"며 관직을 버리고 낙향해 고향의 삶을 읊은 「귀거래사」에 비견되는 시편들이 눈에 띄는 시집이다.

『유배공화국, 해남 유토피아!』는 또 혁명을 노래하고 있는 시집이다. 나남 없이 평등하게, 대등하게 어우러지며 잘 먹고 잘 살 수 있는 세상을 위해 세상답지 않은 이 현실을 뒤집어엎으려는 순정한 혁명정신이 이끌고 있는 시집이다.

무엇보다 『유배공화국, 해남 유토피아!』는 순정성이 돋보이는 서정시집이다. 전원에서 자연과 그런 자연과 꼭 닮은 민초들과 어울리는 삶에서 우러나온 시집이다. 때문에 당위적, 작위적이지 않고 순리, 첫 마음에 따르는 순정이 녹아든 혁명시집이다.

귀거래사, 혁명정신, 순정성 등이 절제 있게 농축돼 이 시집의 시세계를 대표한다고 여겨 이 글 맨 위에 올린 「가을 새벽산책」을 감상해보시라. 새벽에 일어나 마을 담벼락 길을 걸으며 가을 풀벌레소리와 귓불에 감기는 시린 바람에 깨어나는 정신을 올곧게 엮어가는 서정을 보시라.

헛되고 헛된 욕망과 "꿈의 잔상 쓰러내"고 자연, 고향으로 돌아가는 귀거래사가 실려 있지 않은가. 캄캄한 세상 힘껏 밀어제치고 때 묻은 세월 헹구는 '혁명의 바람군단'도 불어오고 있지 않은가.

무엇보다 그런 풀벌레소리며 바람 등을 맑고 곱고 고결한 '당신'의 목소리로 집중, 동일화시키는 서정의 순정한 시정신이 빛나고 있지 않은가. 그런 서정성이 이 시 후반부에서는 새벽이슬에 젖은 것들을 "젖는 길목마다/깨어난 초록 푸성귀들"이라고 빼어나게 형상화하며 순정한 혁명의 순리까지 푸르게 살아나게 하고 있지 않은가.

_새 세상의 화음을 듣고 일구는 시 농사

"햇볕도 들지 않는 그늘진 시멘트 숲,/홍진(紅塵)에 묻힌 삶 더 이상 싫어/글농사 지으러 고향땅에 왔소이다!//육십이 넘어서도/뜻대로 살수 없다면/차라리 죽은 목숨!//자존(自尊)의 촛불마저 지킬 수 없는/서울의 노예생활 단칼에 베고/글농사 지으러 고향땅에 왔소이다!//썩은 나라 썩은 인물 뒤로한 채/붓 한 필, 칼 한 자루 달랑 메고/글농사 지으러 고향땅에 왔소이다!//귀향(歸鄕)을 핑계 삼은 스스로의 귀양길…/등 굽혀 손 비벼 살 수 없는 한세상…/글농사 하나에 새 세상을 걸었소이다!//생명의 소리, 자연의 소리 한데 엮어/새 세상의 화음(和音)을 얻을 요량,/생가 터에 새롭게 둥지를 틀었소이다!"

「글농사 지으러 왔소이다!-귀향(歸鄕)의 변」전문이다. 부제가 말해주듯 귀향한 뜻을 가감 없이 그대로, 누구든 쉽게 알아볼 수 있게 밝히고 있는 시이다. 인간으로서의 자존을 지키며 자연과 어울리기 위해 귀향했다는 이유는 도연명의「귀거래사」와 한가지이다.

"육십이 넘어서도/뜻대로 살수 없다면/차라리 죽은 목숨!" 이란 촌철살인적 구절이 가슴에 와 박힌다. 해서 제대로 살기위해, 명대로 살기위해 고향으로 왔다는 것이다. 그러면서도 시인은 '글농사'를 강조하고 있다. 다 버리고 "붓 한 필, 칼

한 자루 달랑 메고 왔소이다"며.

글농사 연장으로 '붓 한 필'은 뭔지 알겠는데 '칼 한 자루'는 또 뭘까? "노예생활을 단칼에 베고" 새 세상을 일구려는 혁명의 칼이다. 글을 일구는 붓이 혁명을 위한 칼이기도 한 것이다. 해서 윤 시인이 낙향해 쓰는 시는 "생명의 소리, 자연의 소리 한데 엮어/새 세상의 화음(和音)"이 되는 것이다. 생명과 자연과 혁명이 어우러지는 순정한 서정시를 일구겠다는 것이다.

윤 시인은 연세대 정외과 1학년 때인 1966년 김현승 시인의 추천으로 『시문학』을 통해 시를 발표하기 시작했다. 1979년 첫 시집『후여 후여 목청 갈아』를 펴내며 유신독재의 그 캄캄한 어둠을 걷어내려는 독창적이고 흡인력 있는 시로 주목 받았다.

> "후여 후여 이삭 쪼는 새떼들을 날린다./새떼 쫓는 후여 후여 목청 속에서/물 말아 넘긴 보리알 반쪽이 일어선다./푸른 하늘이 내 편을 들어 새떼들을 쓸어간다.//무심히 고개 숙인 이삭이여,/허구헌날 그런 몸짓으로 죽을 순 없어./삼베 적삼 입은 허수의 어미 아비/이젠 당신네들도 후여 후여 목청 갈아/사지 흔들며 푸른 하늘하고 손잡을 것이여."

첫 시집 표제작 한 대목이다. 민초들의 목소리, 물 말아 먹은 보리밥알이 일어서는 민초들의 생활과 정서로 혁명을 부추기고 있는 시이다. 하늘도 잡새들을 몰아내는 혁명을 부추긴다며 혁명의 순리를 윤 시인은 진작부터 노래해왔다. 그 연장선상에서 두 번째 시집『금지곡을 위하여』를 1984년에 펴냈다.

그리고 30여년이 지나고 나서야 이번 시집을 펴낸 것이다. 시력(詩歷) 반세기에 시집 세 권이면 과작이다. 그렇다면 타고난 시재(詩才)를 약관도 안 된 어린 나이에 당대 최고의 시인 김현승에게 인정받아 시인의 길로 들어선 윤 시인은 그동안 무얼 했던가.

대학에 입학하자마자 학보사 연세춘추 기자로 있으며 반정부 문필활동을 시작했던 윤 시인은 1969년 연세대 3선 개헌반대 호헌투쟁위원장, 1970년에는 범대학민권쟁취청년단장 등을 지냈다. 1971년에는 서울대내란음모사건 배후조종혐의로 체포돼 혹독한 고문을 받고 군에 강제입대 했다.

제대 후 1973년 중앙매스컴에 공채로 입사해 언론계에 들어온 윤 시인은 동아일보 기자로 있으며 1980년 5월 광주민주화운동 르포기사로 인해 강제해직 당했다. 1984년 동아일보에 복직했고 1988년에는 한겨레신문 창간멤버로 정치부 차장으로 들어가는 등 언론활동을 펼치며 수많은 기사와 정치평론을 썼다. 그렇게 지난 30여 년 간 붓을 칼로 삼아 민주화를 위해 정론직필 활동을 펼치다 2008년 환갑을 막 지나 고향 해남으로 다시 글농사를 지으려 귀향해 내놓은 첫 시집이 이『유배공화국, 해남 유토피아!』인 것이다.

> “집 앞 냇가에/줄지어 서있는//다섯 그루/자연주의(自然主義)//하늘 향해/제 뜻 훤히 펼친//검버섯 그득한/아름드리 버드나무//오류(五柳) 선생 새긴 뜻/예서 피어났네!//낙향에 서린 한/불멸의 귀거래사(歸去來辭),//예서 활짝 피어났네/다섯 그루 자연주의//조상님들이 먼저 깨우쳐준/도연명의 오류송(五柳頌)”

이번 시집에 ‘기산별업(箕山別業)’ 연작시 5편이 실렸는데 그 셋째 편인「오류(五柳)선생, 여기 계셨네」전문이다. 연작시 첫 편 끝에 실린 각주에 따르면 기산은 윤 시인의 증조부이고 ‘기산별업’은 증조부가 내건 사랑채 당호(堂號)이다.

위 시는 집 앞에 서 있는 아름드리 버드나무 다섯 그루를 소재로 한 시이다. 그 버드나무를 매개로 해서 시인은 일찍이 집 앞에 버드나무 다섯 그루를 심어 오류(五柳)선생이라 불린 도연명과 또 그걸 본 따서 버드나무를 심은 조상들과 하나가 돼 도가(道家)의 무위자연(無爲自然)으로서의 자연주의자가 돼가고 있다. 하늘로 쭉쭉 뻗어가는 버드나무에서 “하늘 향해/제 뜻 훤히 펼친” 거침없는 의기(義氣)도 읽어내고 있다.

윤 시인은 고산 윤선도의 11세 직손. 올바른 나라를 만들려 상소를 18번이나 올리고 유배생활만 20년 한 조선 문신이 고산이다. 어느 재야 사학자는 "당대의 가장 탁월한 진보주의자"로 혹은 "조선조 최고의 직신(直臣)"으로 평하기도 한다. 병자호란 때 나라를 구하려가다 임금이 항복했다는 소식에 해남 인근 완도 앞바다 보길도에 주저앉아 살며 「어부사시사」「오우가」 등 빼어난 시문으로 조선 단가문학의 비조로 꼽히고 있다.

이런 조상의 의기와 시재가 그대로 윤 시인에게 흘러들고 있음을 '기산별업' 연작시들은 보여주고 있다. "말과 글로써/사람의 도리를 밝히고//바른 이치 끝내 세우며/이를 지키는데 혼신하리라.//조상님들이 닦으신 큰 뜻과/비로소 소통하는 나날" (「경의재(敬義齋)-기산별업2」부분)이라며 낙향해서도, 시에서도 정론직필을 강조하며 세상과 민초들의 한을 떠올리고 있으니.

> "사람 세상의 온갖 오예(汚穢) 한데 껴안은/청정무구(淸淨無垢)의 계곡, 거기 있었네.//사람 거리의 온갖 소음 함께 몸 섞은/홍진(紅塵) 속의 정토(淨土), 거기 있었네.//울울창창 기암괴석, 아스라이 비껴선 소나무 가지 끝마다//지상의 환풍구(換風口)인 듯 내 걸린/내 마음의 푸른 하늘 한 조각.//허둥대는 삶의 너울, 거기서 보았네./속세 벗어난 광대무변의 참세상, 거기서 보았네." (「내 마음의 정토(淨土)를 찾아-경기도 양평 사나사(舍那寺)」부분)

서울에서 언론활동을 펼치면서도 위 시에서와 같이 윤 시인은 "홍진 속의 정토", 참세상을 꿈꿔왔었다. 좀 더 나은 세상을 위한 혁명이면서도 허둥대는 너울을 벗고 본디 순정한 마음을 찾아왔었다. 이제 낙향해 자연과 세상과 청정한 마음을 한데 어우르는 시 농사를 짓고 있는 것이다.

_ 자연과 민초들의 순리 텃밭에서 일구는 순정한 혁명시

"1./해남 땅에선 두려움 없이/새로운 공화국이 일어선다.//고산(孤山)공화국에 이어 오늘은/남주(南柱)공화국의 나라깃발이 펄럭이는 날//쫓기고 쫓기어 벼랑 끝에 다다른/귀양 유민(流民)들의 열망이 한데 뭉쳐//어느 날 함께 잡고 오를/튼실한 개벽(開闢)의 동아줄을 엮고 있다.//(중략)//4./해남이여, 변방의 일국이여/귀양다리 그대가 품어 온 천년의 아픔을 나는 안다.//해남이여, 오욕의 세월 속에/참숯이 되어버린 그대의 자존심 나는 안다.//해남이여, 좌절과 절망 속에/참세상 못다 이룬 그대의 핏빛 분노 나는 안다.//해남이여, 역사 속에 변치 않을/귀양다리 그대의 꿋꿋한 기개 나는 안다.//해남이여, 저항의 세월 속에 감춰진/귀양다리 그대의 마지막 슬픔 나는 안다."

총 6장으로 구성된 「유배공화국, 해남유토피아!-새 세상을 먼저 갈고 닦는 사람들의 땅」부분이다. 격한 호흡과 감동으로 '해남 찬가'로 불려도 좋을 시이다. 해남은 고산이 꿈꾸고 우리시대 김남주 시인이 실제로 도모했던 혁명의 고향이다. 앞서 살펴봤듯 고산은 직계 조상이요, 부잣집 털어 가난한 집 도우려다 잡혀 고문과 오랜 투옥으로 먼저 간 남민전 전사 김남주 시인은 윤 시인과 함께 시와 혁명을 꿈꿨던 동지이다.

위 시에 따르면 해남은 조선시대 유배된 1백20여명의 귀양다리들이 그들을 따르는 가족들과 일군 유배공화국이다. 그런 혁명 전통에 따라 시인은 해남서 "튼실한 개벽의 동아줄을 엮고 있다."

> "살아생전 유배나라 전라도 아낙들/시도 때도 없이 입에 물고 살던 말//'내 복에 무슨 난리여!'//(난리란 세상이 완전 거꾸로/위아래가 확실하게 뒤집히는 것!//난리란 세상이 완전 거꾸로/수평공화국으로 환원하는 것!)//살아생전 유배나라 전라도 아낙들/세상이 뒤집히기를 얼마나 바랐으면" (「내 복에 무슨 난리여!-조선 여인네들의 역설적 희망사항」부분)

전라도 아낙들이 좋을 때나 나쁠 때나 입에 달고 다니는 속어, 그 어감 속에서도 시인은 혁명을 봐내고 있다. 그런가 하면 "칠흑의 밤, 개가 짖는다./있는 힘 다해 짖는다./목줄이 끊어질 듯/머리를 곧추세우곤/앞으로 내달으며 짖어댄다.//

짖음의 소리가 이르는 마을의 구석구석/크고 작은 개들일랑/기다렸다는 듯, 함께 이러/너나없이 짖어댄다./우렁우렁 짖어댄다.”(「개들은 연대성이 강하다!」부분)며 마을 개들 짖어대는 소리에서도 혁명을 듣고 있다. 해남 땅에 토착화 된, 자연화 된 혁명을 온몸으로 자연스레 감지해내고 있다.

> “나는 다만 민족의 통합, 서로 헤어진 동포/오순도순 함께 사는 한세상 큰소리로 부르짖었을 뿐.//(중략)//참삶의 현장 먼저 달려가고/참삶의 가치 먼저 일깨웠을 따름//그런데 어찌 그게 친미/반미의 갈림길이더란 말인가?/그런데 어찌 그게 좌파/우파 갈림길이더란 말인가?//나는 이 시대가 강요하는 질문양식이 싫다!/친미는 우파, 반미는 좌파라는 이분법적 교조주의가 나는 싫다!”(「너는 친미(親美)인가, 반미(反美)인가-강요하는 이 시대의 질문양식」부분)

내 편 네 편 가르는 이분법적 교조주의에 대해 반대하는 입장을 명백히 하고 있는 시이다. 일부 진보주의 쪽에서 보여 온 이런 양태에 우리는 또 얼마나 실망하고 낙담했던가. 그렇게 편 갈라 죽기 살기로 싸우며 정치를 끌고 가는 세력들과 또 그런 세력에 끌려가는 정치 현실을 얼마나 더 견뎌내야 할 것인가.

시인은 그런 이념적, 교조적 진보주의, 혁명을 거부하고 있다. 하늘과 땅 사이에 벤, 순리로서의 순정한 진보와 혁명을 해남 땅에서 확인하고 있다. 정치가 아닌, 교조주의적 이념이 아닌 순정한 진보와 혁명을 온몸으로 느끼며 부르고 있는 것이다.

"이 땅은 지금 서서히 죽어가는/심 정지상태의 서울공화국!/의식불명 상태의 뇌사공화국!//이 땅은 지금 급성 돌림병처럼/남과 북, 혹은 남-남의/'마음 닫기' 증후군이 범람하고 있는데…// '쓰레기더미에서 쓰레기만 고르는'/인사 난맥의 와중에//이골 난 민초들의 배신구역-/여의공화국을 홀연히 탈출,//민심의 바다에 첨벙 뛰어든 당신!" (「그대의 심폐소생술을 기대하며-정계은퇴는 또 다른 정치의 시작일 수 있다」부분)

교조주의적 이분법에 의해 뇌사상태에 이른 우리 정치 현실에 메스를 대고 있는 시이다. 정계를 은퇴해 민심의 바다에 뛰어든 정치인을 그리고 있는 시이지만 기실 그 은퇴자를 윤 시인으로 볼 수도 있을 것이다. 스스로 자원해 은퇴한 귀향, 고향 해남에서 자연과 민초들의 순리에 귀 기울이며 순정한 혁명을 꿈꾸고 있으니.

"잠 깨어 일어보니/뜰 섶에 나라 하나 번듯하게 섰구나.//이 풍진 세상,/하얗게 도배질 한/새 아침의 거룩한 설경이라니!//지난날의 온갖 부정한 오예(汚穢)/한칼에 씻어 낸/저 혁명의 눈보라.//기인 밤 지새운 뒤/만민의 뜻 좇아/기어이 뜰 한켠에/백의(白衣)의 나라 번듯하게 세웠구나!//누구의 상처/누구의 아픔 하나 없이//밤사이 조용하게/크나큰 하늘의 뜻/마침내 지상에서 이룩하였구나!" (「어떤 설국(雪國)」부분)

밤새워 내린 눈, 순백(純白)의 세상에서 혁명의 완성을 보고 있는 시이다. 누구도 상처 받지 않고 누구도 아프지 않고 만민의 가슴 다 따뜻하게 하늘의 뜻으로만 완성한 혁명, 이것이 윤 시인이 꿈꾸는 순정한 혁명의 세상이다.

_ 자연의 순리와 순하게 겹쳐지는 서정과 혁명

"아침저녁 칼바람 앞에 노인네들 등허리 오싹해지면 사람들은 홑이불을 솜이불로 바꿔 덮고 세월의 냉기 어찌어찌 피해갈 방도에만 골몰하지. 겨울 소매 끝 잡아끄는 가을 찬바람 앞에 삼라만상 손 비벼 고개 숙여 서로가 살 길 찾아 나서는데 저리도 용감한 텃밭의 남새군단! 푸르고 푸르게 맨몸으로 차가운 계절, 당당하게 대적하고 나서다니… 그들의 삶, 참으로 가상하다! 아침저녁 찬이슬에 흠뻑 적신 만큼 오히려 종일 짙푸른 그대들에게 사람의 경의 마음껏 표하노라. 상추와 쑥갓, 시금치와 배추, 마늘과 봄동들이 차가운 세상에 맞서 스스로의 생을 거듭 이어가는 전투적 이모작(二毛作)의 삶은 비단 여기서만 끝나지 않거늘… 그대들은 아무 때나 몸 굽히는 가여운 사람들에게 몇 번이고 푸르고 푸른 자연의 올곧음을 일깨워주곤 하지. 차고 더운 계절, 자기대로 살면서 세상의 덧없음을 진초록 삶으로 보여주곤 하지." (「차가운 계절의 남새들에게」 전문)

추운 계절 텃밭에서 푸르게 자라는 채소들에서 혁명을 보고 있는 시이다. 맨몸으로 더욱 푸르고 당당하게 차가운 계절에 맞서는 '남새군단'에서 자연의 올곧음을 보고 있는 시이다. 해서 이번 시집에 실린 시편들은 귀거래사이면서도 전원에 묻혀 바람을 노래하고 달을 읊조리는 단순한 음풍농월(吟風弄月)이 아니다. 인간사와 혁명과 자연의 순리를 싸잡아 일구고 있는 서정의 남새밭 같은 시집이다.

"겨울 소매 끝 잡아끄는 가을 찬바람" 같이 빼어난 서정성을 감축하는 바람은 바람에만 그치지 않고 혁명을 촉발해내고 있지 않은가. 찬이슬에 젖은 만큼 더 푸르고 용감한 남새군단은 혁명만 부르는 데서 끝나는 것이 아니라 자연과 인생의 이치까지 파고들고 있다. 아무 때나 아무에게나 몸 굽히는 가여운 삶이 아니라 몇 번이고 푸르고 푸른 삶과 자연의 올곧은 이치를 시 속 텃밭의 남새들은 가르쳐주고 있지 않은가.

그런 남새들을 시인은 "전투적 이모작"이라하며 남새와 시인을 일치시키고 있다. 시인도 낙향해 그런 순정한 혁명과 서정으로 차가운 세상에 맞서 제2의 삶을 살고 있지 않은가. 세상의 덧없음에 지지 않고 푸르고 올곧게.

> "퍼내고 퍼내도 마를 줄 모르던/당신의 무한사랑 옹달샘.//이젠 뼛속 바닥까지 메말랐나,/ 솜털처럼 가벼워진 당신의 몸무게…//구멍 송송, 샘터마다 허옇게 드러난/ 무한사랑의 표상, 골다공증(骨多孔症).//이젠 한줌의 형해(形骸)로 말라붙은/뼛속 깊은 곳간, 사랑의 옹달샘.//마지막 생존의 한 모금까지/고일 틈 없이 퍼 올린 자식사랑 두레박질//구멍 송송, 뼈마디 곳간까지 비운/무한사랑 훈장, 당신의 골다공증(骨多孔症)." (「사랑의 골다공증(骨多孔症)」전문)

노모(老母)나 해로(偕老)하고 있는 아내에게 바친 시로 읽으면 선비의 근엄함 속에 감춰진 사랑이 절절하게 다가온다. 오랜 가뭄에 말라버린 옹달샘을 골다공증에 빗댄 시로도 읽을 수 있을 것이다. 아니면 골다공증 자체를 읊은 시로도 읽을 수 있다.

시적인 제재야 어떻든 이 시의 주제는 사랑이다. 마지막 생존을 위한 한 모금까지 다 퍼주는 무한사랑이다. 낮은 데로만 흐르며 만물을 낳고 기르는 물 같은 자연의 사랑, 어버이가 자식에게 주는 사랑이 무한사랑이다.

자신은 목말라 죽어가면서도 옹달샘 물 다 퍼주는 무한사랑을 하는 사람들이 우리 사회를 순정하게 만든다. 높고 낮음을 떠나, 깨끗하고 더러움을 떠나 골고루 내려 순정한 혁명의 천지를 만드는 눈같이 무한사랑 또한 아무도 다치지 않게 조용히 혁명을 이뤄낸다.

이 시는 그런 무한사랑을 주제로 삼고 있는 것이다. 아무 보상도 바라지 않는 무한사랑만이 순정한 혁명세상을 이룰 것을 체험으로 잘 알고 있고, 또 그런 무한사랑의 병, 골다공증도 앓아봤을 윤 시인이기에 이런 시를 절절하게 낳을 수 있었을 것이다.

> "살아야 할 이유 잘 몰라서/외롭고 서글픈 날이면/그대를 향해 간다.//무엇으로도 씻을 수 없는/지난날의 상처 지우기 위해/그대를 향해 간다.//지독한 절망으로 뒤척이던/젊은 날을 마음껏 울기 위해/그대를 향해 간다.//쓴웃음 뒤에 감춰진/희망의 너울 벗어던지러/그대를 향해 간다.//아, 그립고 그립던 벗들아!/너희들과의 추억 사루기 위해/그대를 향해 간다.// 차가운 지난날을 데워줄/따뜻한 한마디 찾으러/그대를 향해 간다.//도망자의 마지막 안식처이던/가족의 품안마저 버리고/그대를 향해 간다.//아프고 시렸던 기나긴 세월/그 예각의 서러움 묻으러/흙으로 간다, 자연으로 간다!"

이 시집 맨 앞에 실린 「그대를 향해 간다」 전문이다. 긴 기차를 이끌고 가는 기관차처럼 시집 전체를 견인하고 포괄하는 힘이 있기에 권두시 격으로 맨 앞에 올려놓았을 것이다. 이 글 첫머리에서 살폈듯 윤 시인 시세계의 특장인 순정한 혁명의 서정을 아우르고 있는 시가 「그대를 향해 간다」이다.

"그대를 향해 간다"에서 '간다'는 과거와 현재와 미래를 다 싸안고 있는 순간으로서의 현재진행형이다. 과거의 추억과 다가올 미래의 예감이 익어터지는 순간의 시학으로서의 서정성이 빛나는 시이다.

제목과 함께 "그대를 향해 간다"를 여섯 번이나 반복하며 운율을 얻고 있다. 거기에 매연을 3행씩 나누며 단정한 형태를 유지하는 등 서정시 기율에도 충실한 시이다. 무엇보다 '간다'의 반복에서 우리나는 떠남의 서글픈 서정이 예리하게 가슴속을 파고드는 시이다.

아! 그렇다. 낙향 전, 윤 시인의 과거는 "지독한 절망으로 뒤척이던/젊은 날"이었을 것이다. 순정한 혁명을 위해 그리운 벗들과 일어서고 또 일어섰다 허리 부러지는 고문에 골다공증에도 시달려야 했을 것이다. 얼치기 진보주의, 교조주의 혁명파당들에게 지독한 절망도 맛보고 쓴웃음도 지었을 것이다.

그런 과거 모두 안고 다시 시인은 "그대를 향해 간다"하고 있다. 그렇다면 시인이 향해 가고 있는 '그대'는 누구이고 어데 일 것인가. 시의 문면(文面)으로 보면 맨 마지막 행의 '흙'이고 '자연'이다. 전원이란 말이다.

그러나 시인의 고향 해남 땅은 단순한 전원이 아니다. 새 세상을 먼저 갈고 닦는 사람들의 땅, 유배공화국이요 반란의 고향이다. 그곳에서 "예각의 서러움", 날선 분노는 묻고 "따뜻한 한마디"의 말과 시를 찾고 있다. 그러기에 고향, 해남 땅으로서의 '그대'는 또 시인의 마음속에 간직한 변할 수 없는 순정과 혁명 정신의 정수 그 자체일 것이다. 자연의 순리와 한 치의 어그러짐 없는 우리네 첫 마음, 천심(天心)일 것이다.

그런 첫 마음, 천심인 '그대'에 거슬리지 않은 정론직필의 언론인으로서의 1모작에 이어 다시 시인으로서 2모작의 삶을 윤 시인은 혁명의 고향인 해남에서 살고 있다. 지난 연대의 날선 예각의 혁명시, 민중시보다는 올곧은 삶의 연륜과 지혜가 자연의 순리처럼 녹아든 순정한 서정적 혁명시 오지고 푸짐하게 일구시길 빈다.

1966년 「시문학」으로 문단에 얼굴을 내민 이래 첫 시집이 10.26 직후인 1979년 말 우여곡절 끝에 평민사를 통해 나온데 이어, 두 번째 시집이 1985년 2월 청사출판사 함 사장님의 강권에 못 이겨 어렵사리 빛을 보게 되었습니다. 그로부터 거의 33년에 가까운 세월이 흘렀습니다. 평자(이경철 문학평론가)의 말씀대로 과작의 시인임이 분명합니다.

그렇다면 과작의 시인-윤재걸은 그동안 시작을 내팽개치고 어디서 무얼 했다는 말입니까? 그에게 과연 고귀한 시인의 타이틀을 부여해도 괜찮다는 것입니까. 이러한 일부의 시선에 대해 필자는 입이 열 개라도 할 말이 없습니다. 그러나 필자 나름의 변명의 여지는 있습니다. 저는 시인이기 전에 한 언론인이었고, 더 나아가 광의의 '글쟁이'였다고 스스로를

자평하고 있습니다.

저는 70년대와 80년대 초반, 정보부와 보안사를 넘나들며 척추가 두 번 부러지면서 박정희와 전두환의 정치터널을 어렵사리 통과했습니다. 한마디로 운이 좋았다고나 할까요? 김대중과 노무현을 맞이하기까지 얼마나 많은 청춘들이 생을 등졌습니까. 옆의 동지가 숨을 거두는데 그걸 바라보면서 나보고 한가하게 시나 쓰라고요? 웃기지마세요! 시인이 무슨 장의사입니까? 동지의 시신을 옆에 두고 나는 결코 시를 쓸 정도로 담대하거나 냉혹하지 못했습니다.

고산(윤선도) 선조의 피를 이어받은 저는 좋게 말해서 시시비비를 가리는 선비정신이 남보다 좀 달랐다고나 할까요. 그래서 저의 유일한 무기는 붓(펜)이었습니다. 이 나라 지식인의 중추라 할 문학인(글쟁이)들이 할 일이란 국민들에게 양식을 일깨우는 일이라고 확신했습니다. 그래서 저는 가려지고 숨겨진 사건의 이면을 파헤치는데 온몸을 투신했습니다. 르뽀작가 겸 기자로서, 시 쓰는 일보다도 사회문제를 분석 비판하는 게 저의 급선무라고 생각했던 것입니다.

'팩트에 살고 팩트에 죽는' 기자의 생리대로 지금껏 저는 참된 리얼리스트로서의 시인의 길을 걸어왔습니다. 그리고 앞으로도 그 길을 계속 걸어갈 것입니다.

실천문학시인선 021
유배공화국, 해남 유토피아!

2017년 9월 16일 1판 1쇄 인쇄
2017년 9월 16일 1판 1쇄 펴냄

지은이 윤재걸
펴낸이 정소성
영업·관리 이승순, 박민지
편집 이연희
디자인 한시내

펴낸곳 (주)실천문학
등록 10-1221호(1995.10.26)
주소 서울특별시 성북구 보문로 82-3, 801호(보문동 4가, 통광빌딩)
전화 322-2161~5
팩스 322-2166
홈페이지 www.silcheon.com

ISBN 978-89-392-3012-5 03810

이 도서의 국립중앙도서관 출판시도서목록(CIP)은 e-CIP홈페이지(http://www.nl.go.kr/ecip)와 국가자료공동목록시스템(http://www.nl.go.kr/kolisnet)에서 이용하실 수 있습니다.
(CIP제어번호:CIP2017)